W0365096

La NATURE ça sert à quoi ?

Texte :
Sophie Bellier
Images :
Sophie Ledesma

FLEURUS

10

C'est l'automne, Félix et grand-père
partent se promener dans la campagne.
Ils marchent à travers les bois et les champs.
Parfois, grand-père s'exclame :
« Regarde comme la nature est belle !
Regarde tout ce qu'elle nous donne. »
Félix ouvre grand les yeux.

Dans un champ, Félix court
en enfonçant ses bottes dans la terre.
« Attention aux choux-fleurs qui poussent,
dit grand-père.
– Hum, c'est bon le gratin de choux-fleurs !
dit Félix en se frottant le ventre.
– La terre nous permet de nous nourrir.
– Merci, madame Nature ! » s'exclame Félix.

10

Sur le bord du chemin, Félix
se précipite vers un pommier.
Attention, une abeille ! Félix veut
l'écraser, mais grand-père l'en empêche.
« Les abeilles sont essentielles. En butinant
le pollen des fleurs elles permettent
aux arbres fruitiers de donner de beaux fruits.
– Merci, madame Nature ! » s'exclame Félix.

10

Au loin, Félix aperçoit un mât avec
une grande hélice qui tourne à son sommet.
« C'est une éolienne, explique grand-père.
Elle tourne grâce à la force du vent et produit
de l'électricité qui permet de nous éclairer
et de faire fonctionner beaucoup de machines.
– Merci, madame Nature ! » s'exclame Félix.

Félix poursuit un écureuil.
Après une longue course, il est tout essoufflé.
« Respire le bon air, dit grand-père.
Il passe dans nos poumons, alors
c'est mieux pour notre santé s'il est pur.
– Merci, madame Nature ! » s'exclame
Félix en inspirant profondément.

En écoutant grand-père, Félix
comprend que la nature est généreuse.
« Mais elle est fragile. Il faut prendre soin d'elle »,
explique grand-père en montrant le papier
qu'un promeneur a jeté par terre.
« Ce papier mettra plusieurs années pour
disparaître », dit grand-père avec tristesse.
Vite, Félix ramasse le papier
et le met à la poubelle.

Après leur pique-nique, Félix et grand-père ont laissé l'endroit aussi propre qu'ils l'avaient trouvé. Soudain, Félix voit une bouteille en plastique échouée sur le rivage. « Elle pollue l'eau de la rivière ! » grommelle grand-père. Vite, Félix ramasse la bouteille qu'il jettera dans le bac réservé au plastique pour qu'elle soit recyclée.

Félix et grand-père sont rentrés à la maison.
Ils préparent le goûter mais, zut ! il n'y a
plus de pain pour faire des tartines.
« Allons à la boulangerie en voiture, propose Félix.
– La boulangerie est toute proche,
et les gaz d'échappement polluent l'air.
Nous pouvons nous déplacer autrement »,
répond grand-père. Vite, Félix sort les vélos.

Avant le dîner, Félix aimerait
prendre un bain moussant.
« Tu peux me remplir la baignoire,
grand-père, s'il te plaît ?
– L'eau est précieuse, mon Félix, il ne faut
pas la gaspiller, explique grand-père.
Tu peux te laver différemment. »
Vite, Félix file sous la douche et ne laisse
pas l'eau couler trop longtemps.

Après cette journée, Félix sait
qu'il faut protéger la nature.
« La nature est ton lieu de vie, explique
grand-père. C'est un trésor que tu transmettras
toi aussi à tes petits-enfants.
– Merci madame Nature, et merci grand-père
pour ce beau cadeau ! » dit Félix
en l'embrassant tendrement.